CW00732917

Foto: Archivio Storico Ricordi e (p. 17) Museo Teatrale alla Scala

© 1953 by G. RICORDI & C. S.p.A. - Milano, con il titolo
Piccolo viaggio in un archivio

© 1994 by G. RICORDI & C. S.p.A. - Milano, per la nuova
edizione ampliata

Tutti i diritti riservati - All rights reserved
Printed in Italy
Anno 1994

136670
ISBN 88-7592-418-X

I RICORDI

IMMAGINI DI UN'EPOCA

di
Orio Vergani

con una nuova prefazione
di Francesco Degrada

RICORDI

Prefazione

In questo volumetto, pubblicato nel 1953 in occasione del primo centenario della morte di Giovanni Ricordi, fondatore della Casa, il grande giornalista Orio Vergani (1899 -1960) riunì – al di fuori di ogni preoccupazione sistematica – una serie di documenti conservati negli archivi dell'editore, particolarmente significativi per illustrare alcuni tratti e tracciare alcune costanti della storia di un'impresa i cui destini si intrecciarono inestricabilmente con quelli della società e della cultura del nostro paese. L'arco cronologico del racconto abbraccia quattro generazioni: dal patriarca Giovanni (1785-1853), a suo figlio Tito I (1811-1888), al nipote Giulio (1840-1912) e infine al pronipote Tito II (1865-1933), con il quale ebbe termine, nel 1919, la gestione diretta dell'azienda da parte della famiglia.

Privilegiare la comunicazione epistolare come supporto di una ricostruzione storica comporta la forte accentuazione delle personalità e delle psicologie dei membri di questa straordinaria famiglia e la sottolineatura dei rapporti personali che essa intrattenne con i massimi esponenti della musica, della letteratura e del teatro in quell'arco di poco più di un secolo che vide l'affermazione nazionale e la diffusione mondiale del melodramma romantico e postromantico italiano. Quali che siano i limiti di questa impostazione, essa offre anche indubbi vantaggi: primo fra tutti, l'immediatezza e il carattere diretto dell'espressione, determinante a volte per comprendere la tonalità umana di relazioni che andarono di norma ben oltre il consueto rapporto mercantile tra editore, autori ed istituzioni.

Il coraggio, la tenacia, ma anche l'intuizione e la lungimiranza del fondatore della Casa, Giovanni, hanno quasi dell'incredibile e spingono inevitabilmente a sottolinearne le straordinarie doti umane e il genio imprenditoriale. Comprendere le potenzialità di un mercato – quello della riproduzione e del commercio dei supporti materiali della musica – lasciato tra la fine del Settecento e l'inizio dell'Ottocento all'iniziativa individuale e gestito faticosamente con metodi artigianali; applicarvi le nuove tecnologie di stampa importandole dalla Germania; diffondere sul piano nazionale attraverso una capillare rete commerciale – a beneficio dei Conservatori, dei professionisti e degli amatori – una nuova cultura musicale, intervenire direttamente nelle strutture di produzione tramite il noleggio dei materiali musicali (e in seguito delle *maquettes* dei costumi e delle scene), istituire contratti di esclusiva con i maggiori esponenti della musica italiana (Rossini, Bellini, Donizetti, Verdi) furono azioni tanto gravide di conseguenze da modificare l'intero quadro musicale nazionale. In particolare gli effetti si concretarono in un maggior rispetto dell'autenticità e dell'integrità dei testi, in una più uniforme qualità degli allestimenti, nella creazione di un repertorio basato sulla riproposta di opere degli autori più grandi che entrarono in un canone, costituendo una tradizione, nella tutela del lavoro creativo riconosciuto e protetto attraverso forme embrionali (ma non per questo meno efficaci, considerando la precedente situazione di anarchia e di sfruttamento delle opere dell'ingegno) di diritto d'autore.

Sarebbe spettato a Tito I, come il padre abilissimo litografo, pianista di vaglia e uomo di profonda cultura, portare a compimento la missione di Giovanni, espandendo le strutture commerciali dell'azienda sino a creare in Italia una situazione di vero e proprio monopolio, ad accentuare l'azione di diffusione e di propaganda culturale attraverso la creazione della *Gazzetta Musicale di Milano* (1842, proseguita con vari titoli sino al 1912), a fare della Casa editrice il vero punto di riferimento delle strutture produttive della musica.

Ma la personalità più spiccata della famiglia fu senza dubbio Giulio, che condusse brillantemente l'azienda nel difficile periodo postunitario, muovendosi disinvoltamente nel nuovo assetto politico-istituzionale, dal quale seppe trarre abilmente partito. Giulio seppe compiere miracoli di sottile diplomazia nella gestione della crisi del primato verdiano e nella cauta promozione del nuovo gusto aperto alle influenze internazionali. Se Casa Ricordi seppe porre la propria egida sopra tutti gli autori e i movimenti di gusto più significativi degli ultimi decenni del secolo

7

(con l'eccezione notevole della "Giovane scuola", che gravitò nell'orbita di Sonzogno) si deve alla straordinaria competenza e all'intuito di quest'uomo. Scrittore e critico molto fine, musicista di gusto, psicologo acutissimo, grande esperto di teatro e soprattutto operatore economico di straordinaria abilità, egli seppe creare con i propri autori un rapporto di solidarietà e di collaborazione del tutto singolare e certamente unico nella storia dell'editoria. Convincere il vecchio Verdi a uscire dal suo lungo silenzio accettando la collaborazione di quell'Arrigo Boito che si era presentato sulla scena italiana come l'alfiere di un'alternativa al "vecchio" e al "cretino" identificato con una tradizione melodrammatica specificamente italiana (e verdiana), potrebbe già essere un titolo sufficiente di merito: quella tormentatissima e ambigua collaborazione sfociò – com'è noto – nella revisione del *Simon Boccanegra* e nella creazione di *Otello* e di *Falstaff*. Ma è con Puccini che si realizzarono compiutamente e in una forma a volte quasi inquietante (anche per i loro risvolti psicanalitici, oltre che specificamente estetici) le doti maieutiche di Giulio. Puccini vide in Giulio un simbolo paterno, depositario di valori e di certezze, che gli era necessario per superare i ricorrenti attacchi di abulia e le paralizzanti insicurezze artistiche ed esistenziali. Giulio a sua volta (oltre a far proprio il ruolo di padre in una misura che gli consentì di entrare talora nella vita privata del musicista con un'irruenza oggi non meno che sorprendente) proiettò su Puccini le sue ambizioni di compositore mancato, identificando in lui il vero "Burgmein" (tale era lo pseudonimo con il quale firmava pudicamente le proprie musiche) che avrebbe voluto essere. Ma in questi come in altri infiniti casi, l'autorità e la competenza guadagnate presso gli autori e maturate in un rapporto di stima e di amicizia profonde, furono sempre rispettose dell'autonomia dei singoli artisti e non subordinarono mai la generale linea editoriale della Casa a troppo personali scelte di gusto.

Questo distacco critico riuscì forse più difficile a Tito II, che si trovò peraltro a operare in una situazione, se possibile, molto più ardua e complessa. Era in atto, tra fine Ottocento e inizio Novecento, un'internazionalizzazione della musica e del teatro musicale, che spostava decisamente l'asse del primato creativo sulla Francia e sulla Germania, e il baricentro degli interessi commerciali sulle Americhe, lasciando il nostro paese in una posizione decisamente defilata. L'accanimento con il quale Tito II sostenne musicisti come Alfano, Montemezzi e Zandonai, legando questi ultimi al teatro dannunziano, nasceva dall'utopia di un nuovo teatro musicale italiano: un teatro che avrebbe fuso l'eredità nazionale con le suggestioni del Novecento europeo, l'eredità romantica con la poetica del Decadentismo. Il tutto con l'avallo di un poeta – Gabriele D'Annunzio – che a lungo si presentò (a Franchetti come a Mascagni, a Pizzetti come al primo Malipiero, senza dimenticare il versante "modernista" del suo gusto o della sua infatuazione musicale) quale l'unica personalità capace di interpretare le patrie tradizioni teatrali alla luce della nuova cultura europea: superando gli spettri inquietanti di Wagner, di Richard Strauss e di Debussy, nella direzione di quello che venne pomposamente definito come "il dramma musicale latino". Le lettere di D'Annunzio a Tito pubblicate da Vergani, relative a una possibile collaborazione del poeta con Puccini (da non molto conosciamo anche quelle scambiatesi direttamente dai due autori) sono un indice significativo di questa utopia e di questo equivoco, oltre che – se ve ne fosse stato bisogno – dell'interesse essenzialmente venale del poeta nei confronti dell'esperienza melodrammatica. Chissà cosa avrà detto il vecchio Giulio, ricordando cosa era avvenuto per i precedenti libretti pucciniani della cui trama letteraria il musicista aveva fatto sistematicamente scempio (costringendolo a miracolosi interventi di mediazione con Illica e Giacosa), leggendo la frase di D'Annunzio a proposito di quella improbabile *Rosa di Cipro* che il poeta si apprestava a sottoporre a Puccini: "Dal più bel verso scaturisce la più bella musica. La musica che ha necessità di torcere e di menomare le strofe, non può non avere in sé qualcosa di falso. Del resto io sto componendo con acuto orecchio un poema 'cantabile'". Della "cantabilità" dannunziana Puccini non sapeva evidentemente che farsene e non sappiamo sino a che punto Tito si rese conto dell'equivoco sotteso alla sua utopia. Se sul piano tecnico organizzativo egli seppe adeguare l'azienda al nuovo contesto internazionale con una serie di iniziative coraggiose e lungimiranti, assai più problematico dovette presentarglisi il mantenimento di un primato sul piano della produzione editoriale, specie nel campo della musica contemporanea. Delle due istanze avanzate dai musicisti che più o meno arbitrariamente si sogliono definire come appartenenti alla "generazione dell'Ottanta": da un lato il reinserimento della cultura musicale italiana in quel dialogo europeo che sarebbe stato interrotto nell'Ottocento dalla prevaricazione del melodramma e dall'altro la riconquista di un linguaggio specificamente "italiano" da contrapporre all'internazionalismo d'accatto dell'opera verista, ma anche al wagnerismo e al debussismo, finì per prevalere la seconda. In un'accezione altresì spiccatamente nazionalista, alla quale non furono in seguito estranee le direttive della politica culturale del regime fascista, ma nemmeno l'equivoco di fondo insito nelle poetiche delle avanguardie italiane del primo Novecento (largamente accolte nel catalogo Ricordi). Queste non solo sottovalutarono il potenziale di novità e il carattere realmente progressivo del linguaggio pucciniano, ma di fatto smentirono nella concretezza del loro operare creativo l'ambizione di porsi in quelle dimensioni di ricerca e sperimentazione che perseguirono i loro colleghi d'oltralpe.

La missione della famiglia Ricordi coincide con un'ampia stagione della storia del nostro paese e si conclude in un momento nel quale le dinamiche economiche e culturali acquistano una dimensione europea e mondiale: ad altri sarebbe toccato gestire quella preziosa eredità sino ai nostri giorni e proiettarne nel futuro le straordinarie potenzialità.

Francesco Degrada

Giovanni Ricordi (1785-1853).

Cento anni fa, il 15 marzo 1853, chiudeva gli occhi a Milano Giovanni Ricordi. Nove giorni prima, alla Fenice di Venezia, il pubblico aveva accolto con ostilità la *Traviata*. Verdi aveva scritto – in una lettera che si conserva negli archivi Ricordi, fra le cui carte faccio un piccolo viaggio commemorativo in occasione di questo centenario –: ' *L'esito è stato*: 'fiasco'. *Fiasco deciso. Non so di chi la colpa: è meglio non parlarne*'. Verdi non aveva mezzi termini. Tutte le carte di lui che si trovano negli archivi parlano con la stessa brusca schiettezza.

Ma altri aveva scritto, da buon profeta: *Il tempo giudicherà.* È probabile che la notizia di quel 'fiasco' sia stata tenuta nascosta al vecchio Giovanni Ricordi già prossimo alla fine. I suoi occhi non hanno letto quelle parole.

Straordinari, infaticabili occhi. I ritratti di Giovanni Ricordi ce lo mostrano vicino ai cinquant'anni, con il collo infossato dentro un gigantesco collettone inamidato che sale a coprire la linea delle guancie, e avvolto in un non meno gigantesco cravattone nero, girato molte volte sotto al mento.

Il taglio della bocca è sottile, quasi ironico; l'espressione assorta, acuta, di un carattere mite ma pronto ad una calma ostinazione. Sul naso sono inforcati gli occhiali cerchiati di modesto metallo, dietro ai quali l'occhio è riflessivo e stanco. Del resto, questi occhiali sono dello stesso tipo di quelli usati da Cavour: e anche a Caprera, fra i cimeli della vita intima di Garibaldi, ce n'è un paio di simili. Sono gli occhiali di mio bisnonno, per intenderci: e, se penso che mia nonna, fanciulla, nacque e visse in quella Via Ciovasso e nella stessa casa dove erano le prime officine di Giovanni Ricordi, quel ritratto del signor Giovanni, quando l'ho visto, mi è sembrato quasi quasi un ricordo di famiglia.

Non si può dire che, dietro a quegli occhiali, quegli occhi non avessero visto lontano e che non avessero lavorato. Del resto, molti dissero che non ne avrebbe avuto bisogno: e che li portava apposta per velare la scintillante furberia dello sguardo. Non credo a questa diceria. Gli occhi di Giovanni Ricordi sono quelli di un vecchio copista. Giovanni Ricordi ha avuto fortuna: la sua iniziativa industriale coincide con l'inizio del secolo d'oro del melodramma; le fortune di Rossini, di Donizetti, di Bellini, di Verdi saranno anche la sua fortuna; ma questa fortuna è meritata. Non si tratta di un presbite finto. Il 'Sciur Giovanni' ha gli occhi che vedono lontano.

Nell'ombra della vecchia Scala, alle prime luci del nuovo melodramma dell'Ottocento, Giovanni Ricordi, oscuro copista, intuisce che è il momento giusto per iniziare la sua attività. Il teatro d'opera era allora, sì, espressione del genio musicale: ma era anche qualcosa di mezzo fra l'improvvisazione, la festa, lo spasso di una stagione: e non per nulla i suoi atti di nascita coincidono quasi sempre con le settimane di Carnevale. Non si parlava ancora di 'templi' musicali: i musicisti componevano le loro opere nel giro di quindici giorni o, addirittura, soltanto di una settimana, circondati nelle stanze d'albergo, come racconta Stendhal, dai melomani e dai 'dilettanti' che pagavano le spese dell'impresa, e che, ascoltando nascere le 'cavatine', non dimenticavano di occhieggiare verso le cantanti. Quando vi entrò come copista e come suggeritore, Giovanni Ricordi trovò che, alla Scala, i fogli di musica, e gli stessi manoscritti lasciati dai compositori, erano utilizzati per rinforzare, come una fodera, la carta degli scenari, e che, con quei fogli abbandonati, i pittori, nello stanzone della scenografia, si facevano dei berretti di carta, come usano ancora i muratori, gli stuccatori, gli imbianchini.

Il giovane Ricordi aveva studiato musica, ma non aveva grandi aspirazioni come compositore: anzi, non ne aveva nessuna. A vent'anni – era nato a Milano nel 1785, e per tutto il complesso della sua laboriosità, del suo spirito d'iniziativa, del suo rapido e animoso intuito, si può considerarlo un milanese tipico, uno di quei vecchi 'ambrosiani' che concorsero a far grande la Milano dell'Ottocento – dirigeva, suonando il violino, la minuscola orchestra che commentava gli spettacoli delle marionette in quel Teatro Gerolamo che esiste ancor oggi nella sua antica saletta di Piazza Beccaria. Le ore libere, di giorno e di notte, nella luce delle giornate tante volte nebbiose, nelle notti illuminate da una candela, le occupava a copiar musica. Era povero, ma risparmiatore: e moltiplicava all'inverosimile le ore di lavoro per mettere da parte qualcosa, caso mai fosse venuta l'occasione d'iniziare una qualunque anche piccola impresa. I suoi risparmi, fra il 1805 e il 1807 – erano gli anni dei grandi debiti milanesi di Ugo Foscolo... – non superavano di molto le cento lire. Ma la sua mano di copista non si lasciava mai sfuggire un errore: era veloce, sicura, con un bellissimo disegno musicale, con una invidiabile eleganza di 'pieni' e di 'filetti' che rimane evidente anche nella calligrafia vergata con la elastica, morbida, scorrevole penna d'oca. Aveva soprattutto la grande virtù di aver fede nella vita. La sua firma, nello svolazzo a molti ghirigori che la incorniciava entro la elisse di un vasto geroglifico, si concludeva con il simbolo grafico del 'diesis'. Questo simbolo grafico il copista Ricordi se l'era scelto fin da ragazzo, perchè il 'diesis', eleva di un semitono la nota a cui è apposto. Il ragazzo Giovanni Ricordi voleva così, almeno nelle proprie speranze, indicare la sua volontà di accrescere le sue possibilità con progressione continua.

Fiducioso nella sua stella, Giovanni non può, però, far diventare venticinque le ventiquattro ore della giornata e nemmeno copiare musica anche con la mano sinistra. Il suo primo segreto è quello della

Giovanni Ricordi all'epoca del suo lavoro di copista di musica. Il disegno è
conservato presso il Museo Teatrale alla Scala di Milano.

distribuzione metodica del tempo: tante ore a suonar il violino al Gerolamo, tante a casa, a copiar musica, e tante, quando vi sarà chiamato, alla Scala, dove viene assunto come suggeritore. Qui, alla Scala, riceve trecento lire in compenso delle prestazioni durante le prove dell'intera stagione, e quattro lire per il lavoro di suggeritore quando è il suo turno. Vive tutte le sue ore e tutti i suoi minuti immerso nelle note musicali. Nelle ore libere dalle prove egli – dice il contratto – dovrà ricopiare, dopo averle ricavate dagli spartiti vecchi, tutte le parti per l'orchestra, per i cantanti, per i cori. Questo è il suo impegno con la Scala: impegno che sembra una follia egli abbia potuto accettare, ma che invece doveva aprirgli i battenti di quel tesoro che, per i dirigenti scaligeri di quel tempo, aveva allora solamente il valore di un ingombrante deposito di carta da macero: l'archivio musicale del Teatro.

Non si parlava, a quei tempi, di diritto d'autore. Un'opera veniva pagata a contanti, dall'impresa, al compositore: e poi la musica restava di proprietà perpetua del teatro che gliel'aveva commissionata, o di chi se la voleva prendere. Cartaccia, cartaccia, buona per i berretti degli imbianchini: tesori oggi, in molti casi: allora, come ho detto, roba da macero. Doveva esser più tardi proprio Giovanni Ricordi a inventare, in modo assai bonario e paternale, il 'diritto di autore', assegnando cioè all'autore una percentuale sul ricavato della vendita delle musiche. Fu Giovanni Ricordi a portare a Parigi, a Gioacchino Rossini, parecchi inattesi rotoli di monete d'oro per

Atto di fondazione della Casa musicale (16 gennaio 1808) con la tipica firma "Giò. Ricordi" e il simbolo grafico del diesis.

certe musiche del maestro da lui riscoperte e diffuse. Il giovane copista milanese era un uomo onesto, di una onestà che precorreva i tempi, se si pensa che di un vero e proprio diritto d'autore si doveva parlare più di sessant'anni dopo, a Parigi, per bocca di Victor Hugo già quasi ottuagenario, alla presenza di un italiano che si chiamava Edmondo De Amicis, stupefatto di sentir che il poeta della *Leggenda dei secoli* parlava di prosaiche 'percentuali'. Se Alessandro Manzoni, i cui *Promessi sposi* venivano stampati e venduti da chi voleva, avesse avuto per editore Giovanni Ricordi, certamente la vecchiaia del grande scrittore non sarebbe stata turbata dallo spettro, anche se in gran parte immaginario, della povertà.

Le musiche ammucchiate nel disordinatissimo archivio scaligero erano roba di nessuno. Lo abbiamo detto: i fogli di musica, su grossa carta di filo, venivano usati per rattoppare o rinforzare la carta delle scene. La Scala, un giorno, non ha nessuna difficoltà ad accettare la proposta del suo copista e suggeritore che offre trecento lire per comprare, in blocco, tutta quella carta da macero. Giovanni Ricordi potrà pescar là dentro ciò che vuole, far lavorare altri copisti, risuscitare musiche sepolte: ma, onestamente, ogni volta cerca l'autore, gli domanda se rammenti di aver scritto una certa musica, e gli dice: ' Prendi... Ne ho vendute alcune copie, e questa è la parte di denaro che mi sembra ti spetti... '. Anche più tardi, quando, da copista, diventerà editore di musica, egli sarà contrario all'uso settecentesco e anche ottocentesco dei 'forfaits'. Dopo la prima del *Nabucco*, Verdi

– che è stato scoperto da Ricordi sin dal tempo della sua prima opera – propone all'editore un contratto con il quale si impegna a cedergli tutte le proprie opere future per dodicimila 'svanziche' ciascuna. Anche quella volta Giovanni Ricordi rifiuta. *Caro Verdi, no: non posso accettare, perchè se le opere saranno buone, varranno molto più di 12.000 svanziche; e se invece saranno cattive, non ne varranno nemmeno dodici...* Si diceva, allora: ' amici cari, e la borsa del pari '.

La storia di Giovanni Ricordi ha la sua grande ora. È quella in cui, a ventidue anni, il copista sale all'alba in una diligenza e, con un viaggio di chi sa quanti giorni e settimane, va 'in capo al mondo', e cioè a Lipsia, dove sa che è stato inventato un sistema per incidere la musica su lastre di piombo in modo da abolire la fatica tante volte ripetuta dell'amanuense, sostituendo ad essa il lavoro del torchio tipografico. Il signor Giovanni si fa operaio incisore a Lipsia, impara pazientemente un'arte che per molto tempo sarà solamente sua, compra con il gruzzolo dei risparmi un torchio, lo smonta, lo imballa, lo carica su un carro, e ritorna a Milano con la sua prima macchina da stampa. All'arrivo, quanto gli è avanzato nella borsa? Gli sono rimaste cento lire. Trova un amico che con altre cento lire gli si associa – questa sommetta sarà restituita dopo un anno all'amico che non ha troppa fiducia in quelle nuove diavolerie tipografiche, e Giovanni diventerà il solo padrone della sua minuscola tipografia – e così, con duecento lire, è fondata la prima casa editrice musicale italiana. Giovanni Ricordi comincerà così dal poco, con un foglio di musica per chitarra, nel 1808, in un locale al pianterreno di un cortile di via Ciovasso. È lui stesso che incide la lastra, che la colloca sul piano del torchio, che si mette in maniche di camicia per girar la ruota. Milano, allora, era ancora piccina: la gente si conosceva tutta: ogni più piccola impresa era nota: ogni più lieve speranza era indovinata. Milano era silenziosa, percorsa solamente dal trotto dei cavalli: e di cavalli, nella secondarissima via Ciovasso, era ben raro che ne passassero. Il cigolio di quel torchio, il gemito di quel torchio lo sentivano tutti i casigliani: e, poichè Milano è piena di buona gente, di certo una donnetta dall'ultimo piano augurò mentalmente buona fortuna al giovanotto di ventitrè anni che tentava, tra un foglio bianco e una lastra di piombo, la sua sorte.

Da quel foglio di stampa del 1808 comincia l'archivio di un secolo e mezzo di musica entro al quale ho fatto, in ricordo dei geni che si sono stretti attorno all'antico copista milanese, una piccola nostalgica esplorazione.

La storia ci ha tante volte ripetuto, fin da quando eravamo bambini, che il grido di 'Viva Verdi' era stato, nella Milano oppressa dal dominio austriaco, un grido rivoluzionario. Storia vecchia, aneddoto vecchissimo, noto anche ai banchi delle scuolette elementari, e non si ha il coraggio di rievocarlo mentre, sotto ai nostri occhi, sfilano i cimeli della casa editrice fondata quasi un secolo e mezzo fa da Giovanni

Le Stagioni dell'Anno

in quattro sonate a solo

PER CHITARRA FRANCESE

Composte e Dedicate

Al Cavaliere

FERDINANDO SARTIRANA DI BREME

Ciambellano di S. M. I. e R.

NAPOLEONE IL GRANDE

DA

Antonio Nava

Proprietà dell' Editore   **MILANO E TORINO**   Deposto alla Biblioteca Reale ed Imp.

Presso gli Editori { Gio. Ricordi Negoziante, Copista, ed incisore di Musica in Cont.° di Pescaria Vecchia N.° 1065.

Fratelli Reycend e C.ª Librai Torino

Frontespizio della prima edizione pubblicata nel 1808 da Ricordi:
Le Stagioni dell'Anno, per chitarra, di Antonio Nava.

Monsieur,

Il m'est très agréable d'renouer mes anciennes bonnes relations avec la Maison Ricordi; d'un lustre si classique et prépondérant dans les annales d. la Musique. Son chef actuel ainsi que son père ayant eu les meilleurs procédés à mon égard lors d. mon premier séjour en Italie je leur reste sincèrement obligé.

F. Liszt

Lettera autografa di Franz Liszt a Giovanni Ricordi.

Ricordi. La vita intera di Verdi si è svolta con questo nome dei Ricordi a fianco: Giovanni, Tito, Giulio Ricordi. Tra i copialettere del Maestro, i copialettere della Casa Ricordi, gli archivi di Boito, le raccolte della *Gazzetta musicale*, gli archivi della Scala e del Conservatorio, gli storici di quell'epoca gloriosa della musica italiana hanno trascorso lunghissime stagioni. Nulla è rimasto inesplorato, dalle antiche fatiche di Alessandro Luzio a quelle non ancora compiute di Franco Abbiati che sta preparando una monumentale e definitiva biografia di Verdi. Come potrei pretendere di insinuare, in un ambiente di studi tanto severi, quello che forse è il più frusto episodio dell'aneddotica verdiana?

Eppure, al primo incontro, è proprio un'antica aura di patriottismo tipo *Romanticismo* quella che ho respirata. Dalla tipografia di via Ciovasso erano uscite le pagine del coro belliniano di 'Guerra! Guerra!', sulle lastre di piombo dei torchi di Giovanni Ricordi erano state incise le note di 'Suoni la tromba! Intrepido – io pugnerò da forte...', quelle di 'Va pensiero...', quelle di 'O Signor che dal tetto natio...': tutte musiche che forse avevan dato all'Imperial Regio Governo più grattacapi di tante congiure: musiche che elettrizzavano il popolo più di qualunque segreto messaggio della Carboneria. La musica italiana, nei quarant'anni che si iniziano con il *Barbiere* e che si concludono con il *Trovatore*, aveva conquistato il suo primato nel mondo, e, prima ancora che si parlasse con precisi piani politici di 'unità d'Italia', aveva cantato in tutto il mondo in italiano per

Una delle poche immagini di Tito I Ricordi (1811-1888), che subentrò al
padre Giovanni nel 1853.

il trionfo dell'arte italiana. Era inevitabile che in Casa Ricordi non ci si sentisse affatto sudditi ossequienti del Governo di Vienna e che si considerassero anche i fogli di musica una bandiera di italianità.

Abbiamo visto che Giovanni Ricordi era diventato stampatore al tempo di quello che Napoleone aveva chiamato il Regno Italico, e a Napoleone I, incoronato Re a Milano, e considerato il primo artefice dell'unità del nostro popolo, il giovane musicista aveva dedicato tutto ciò che da ex-copista e da modestissimo stampatore poteva dedicargli: l'edizione del primo foglio di musica uscito dai suoi torchi. Un canto politico? No: un modesto pezzo per chitarra, intitolato *Le quattro stagioni*. Poi erano tornati gli ufficiali austriaci che con le loro divise bianche sembravano, dai loro palchi, i padroni della Scala: Giovanni Ricordi aveva chiuso nel segreto del suo cuore le nostalgie napoleoniche, e aveva capito che, per il momento, il miglior modo di servire la Patria era quello di lavorare, almeno, per la sua indipendenza spirituale e industriale. Aveva insegnato al figlio Tito a lavorare duramente: e aveva voluto più tardi che il nipotino Giulio studiasse molto, studiasse moltissimo, e che la musica non avesse segreti per lui. E intanto, al canto delle musiche, che con parole apparentemente innocenti, o 'denicotinizzate' dalla censura, uscivano dalla sua tipografia, la Patria diceva la sua voce di speranza.

'Guerra! Guerra!'; il coro belliniano della *Norma* aveva riscaldato anche il cuore di Giulio, quand'era poco più che un ragazzo. L'opera, la *Norma*, era

27

stata stampata dal nonno Giovanni, che ne aveva compensato Bellini con ottocento lire: e quel canto l'avevano imparato a memoria anche gli incisori e i ragazzi di tipografia. Quando Giulio ascoltò quel coro alla Scala, per la prima volta, gli parve che quel grido suonasse minaccioso e vindice in faccia a tutti gli ufficiali austriaci che impettiti gremivano i palchi. L'intero pubblico ripeteva a gran voce il canto. Giulio, in palco, afferrò una sedia, e stava per lanciarla contro un gruppo di ufficiali che ascoltava in platea. Fu fermato a tempo, ma il ricordo di quel lancio mancato, che avrebbe fatto di lui un fratello del genovese Balilla, gli bruciò in cuore per tutti gli anni del Risorgimento, finchè potè scappare di casa, passare in Piemonte, e, attribuendosi due anni di più di quanti erano effettivamente i suoi, arruolarsi volontario come sottotenente al seguito del generale Cialdini. Il generale ebbe, in Giulio Ricordi, un ottimo ufficiale di ordinanza, che tornò a casa con due decorazioni al valore: Giulio aveva fatto brillantemente il suo dovere, senza tralasciare per questo di ricordarsi, fra l'una e l'altra cannonata all'assedio di Gaeta, di essere musicista, perchè Cialdini, che era appassionato di musica d'opera non meno del suo ufficialetto, voleva che quasi ogni notte il tenente gli suonasse al piano qualche musica di Verdi o di Donizetti.

La liberazione di Milano voleva dire, per la Casa Ricordi, anche la libertà di stampare tutta quella musica patriottica la cui diffusione a Milano, negli anni della dominazione austriaca, era affidata solo alla

Il giovane Giulio Ricordi, agli esordi nell'azienda paterna (1860).

memoria di chi aveva combattuto. Entrarono così nelle edizioni della tipografia di Tito Ricordi – il vecchio Giovanni era già morto da sei anni – i due più popolari inni della Patria: l'*Inno di Mameli* e l'*Inno di Garibaldi*. Tra le carte più preziose degli archivi Ricordi ho trovato due lettere che, a distanza di quasi cento anni, ricordano quei momenti di entusiasmo e che possono essere rilette ancora anche per l'alto spirito di morale ottocentesca che le dettava. In nessuna delle due lettere – è bene osservarlo oggi che, per una qualunque canzonetta che abbia qualche successo, musicisti e 'parolieri' possono diventare milionari – si parla di denari e di interessi. In cambio delle prime edizioni del suo inno, il genovese Michele Novaro, che aveva dato la musica alle strofe di Goffredo Mameli, aveva ricevuto dal suo primo editore solo il dono di qualche copia a stampa: e Luigi Mercantini si preoccupava solamente che la cessione delle parole dell'*Inno di Garibaldi* ai Ricordi gli impedisse ogni altra liberale e gratuita diffusione della sua poesia. Tempi onesti, bonari, entusiastici. quando i canti della Patria erano semplicemente 'donati' alla Patria.

Ecco la lettera, piena di onesti scrupoli, di Michele Novaro, che riservava gli eventuali guadagni della nuova edizione di ' Fratelli d'Italia – l'Italia s'è desta... ' a beneficio di una sottoscrizione garibaldina.

Giuseppe Verdi ospite di Giulio Ricordi (il primo a sinistra) nella casa milanese di via Borgonuovo, ai tempi di *Falstaff*.

Un ritratto del "commendator Giulio". Con lui la casa fondata dal nonno divenne tutt'uno con la storia musicale italiana.

Egregio Signore,

ho ricevuto la gentilissima sua del 14 corrente e la ringrazio delle sue graziose espressioni.

Io sono dispostissimo ad inviarle una copia manoscritta del mio Inno Fratelli d'Italia, *ma vorrei prima esser certo di non mancare a quei doveri di delicatezza che ogni uomo deve imporsi, e per conseguenza le spiego in precisi termini come io mi trovo colla stamperia di musica del fu Magrini, e Vostra Signoria, che conosce perfettamente la partita, saprà dirmi se io posso o non posso permetterle di stampare il suddetto Inno.*

Come già le dissi, io nel '48 feci l'Inno in questione e diversi altri. Magrini si offerse di stamparli col patto di darmene delle copie, ora non mi ricordo più il numero. Io aderii, egli lo stampò, ma io non feci alcun contratto perchè non gli diedi che un semplice permesso a voce, però egli scrisse sopra: 'Proprietà dell'Editore'. Ora io non so se col mio semplice permesso a voce si possa avergli accordata la proprietà del pezzo. Vostra Signoria può mettermi a giorno o dirmi (essendo della partita) se io accordando il permesso a Vostra Signoria possa mancare di convenienza verso gli editori di Torino, perchè mi dorrebbe assai di fare una cattiva azione.

Spero adunque che ella vorrà francamente dirmi come devo regolarmi, del resto le accerto che sarei ben felice di vedere fatta una seconda edizione della mia povera musica e andrei superbo se col mezzo offer-

tomi tanto graziosamente da Vostra Signoria potessi contribuire modestamente anch'io alla sottoscrizione iniziata dal nostro prode Garibaldi.

Se vuol scrivere agli Editori di Torino dovendo essi dipendere da Vostra Signoria e facendo loro noto il nostro comune desiderio, credo che i suddetti forse non si opporrebbero. Infine faccia ciò che crede, che io mi rimetto interamente in lei, mi scriva come devo regolarmi che io sarò ben contento di poterla compiacere, e intanto io preparo il manoscritto da Vostra Signoria richiestomi, ed all'arrivo della sua lettera se mi dirà di spedirglielo lo farò a giro di posta.

Gradisca i miei distinti saluti e mi creda il suo obbligatissimo servitore

MICHELE NOVARO

Ed ecco l'altra, di Luigi Mercantini, evidentemente preoccupato di una sola cosa: di dover tutelare un diritto di proprietà personale su un testo che egli è convinto invece appartenere al patrimonio spirituale di tutti.

Gentile Signore,

S'Ella, quando mi richiese la cessione del mio Inno di Garibaldi, *mi avesse posto la condizione, che ora vuole ch'io scriva nella seconda dichiarazione, io non avrei consentito. Ho lasciato passare due anni senza curarmi nè punto nè poco di tutte le edizioni che si facevano della poesia, e crede che ora io cedendola dia la facoltà ad un altro o ceda un diritto che io*

34

Giulio Ricordi (secondo in piedi da destra) con la moglie Giuditta, ospite di Verdi nella villa di Sant'Agata.

Giulio Ricordi all'apice del successo.

non ho voluto esercitare mai? *Questo è affare di coscienza (che per me è il paradiso, il purgatorio e l'inferno) e io obbedisco alla coscienza. Sta bene che Ella non ne userebbe, e credo alla sua parola d'onore; ma per parte mia avrei fatto cosa niente affatto lodevole; e poichè, a dir il vero, ho un po' di buon nome, non voglio perderlo.*

Se dunque la dichiarazione, quale io le ho mandato, può servirle, bene: se no io non so che fare: me ne duole, perchè creda che questa non è scortesia in sè, è delicatezza, ed Ella che è gentile, comprenda, e per questa volta mi scusi se non posso fare il piacer suo.

*Prima che mi scordi, voglio chiederle cosa che ho sempre dimenticato di accennare: raccogliendo io in un solo volume tutte le mie poesie, non potrei metterci ora l'*Inno di Garibaldi?

Mi comandi sempre, che io sono pronto e lieto di poterla servire, e mi creda con particolare stima suo servitore

LUIGI MERCANTINI

Bologna, 3 maggio 1861.

Lettere quasi ingenue, a rileggerle con lo spirito d'oggi, pagine di un caro disinteresse che è proprio d'altri tempi.

Verdi, Boito, Puccini... Gli studiosi e i biografi conoscono già tutti i segreti e tutti i labirinti dell'archivio di Casa Ricordi. La mia curiosità di letterato mi porta a mettermi in cerca delle traccie che indi-

Giulio Ricordi, Giuseppe Verdi e Arrigo Boito assistono ai lavori per la costruzione della Casa di Riposo per musicisti voluta dal compositore e progettata da Camillo Boito.

cano, anche qui, il passaggio del poeta che ha dato il suo nome a mezzo secolo della nostra civiltà letteraria.

Anche D'Annunzio non poteva a meno di passare, con il soffio delle sue belle parole, entro gli uffici di Casa Ricordi. Amico della musica più di ogni altro poeta italiano, dopo avere esaltato Wagner nella prosa del *Fuoco* e Verdi in una 'laude' che resta fra le più alte pagine della sua poesia, Gabriele avrebbe più tardi suggerito ai dirigenti della casa editrice milanese la esumazione di tutto un gruppo di musiche del Seicento. Ma intanto i giovani musicisti guardavano alla sua opera teatrale così come, più di mezzo secolo prima, Verdi aveva guardato a quella di Victor Hugo. Carducci aveva tenuto lontano da sè i musicisti del suo tempo, Pascoli aveva composto, per Renzo Bossi, la leggenda dell'*Anno Mille*: il vero fascinatore doveva essere D'Annunzio, poeta tutto musicale, le cui parole attiravano i giovani musicisti come il miele attira le mosche. Il problema di trovare un buon libretto era quello che più preoccupava i musicisti del primo Novecento, tanto più difficili da accontentare in confronto ai loro colleghi dell'Ottocento. Nei carteggi di Casa Ricordi una buona parte della corrispondenza è dedicata, da parte dei maestri, alla 'caccia al libretto'. In una lettera di Puccini, scritta pochi mesi prima della fine, si accenna anche – e credo che questo particolare sia inedito nelle biografie dei due artisti – alla possibilità di interpellare, per un libretto, Pirandello; e, dopo Pirandello, anche Rosso di San Secondo.

Gli incontri della musica con la poesia di D'Annunzio sono numerosi, e, anche se non sempre fortunati, noti a tutti. Debussy, Franchetti, Zandonai, Mascagni, Pizzetti, Montemezzi: il *Martirio di San Sebastiano*, la *Figlia di Jorio*, la *Francesca da Rimini*, *Parisina*, *Fedra*, la *Nave*. Qualche collaborazione ebbe strascichi di polemiche: altre rimasero allo stato di progetto, come quella con Puccini. Il sodalizio più stretto e più valido fu quello con Pizzetti, cui D'Annunzio aveva dato il nome un po' aurato di Ildebrando da Parma. In altri incontri la condiscendenza del poeta – se vogliamo leggere con qualche attenzione fra le righe dell'epistolario conservato negli archivi – sembra suggerita, più che da un desiderio di gloria, dalla speranza di trovare, sulla via del melodramma, qualche solido 'contributo' per dare un po' di respiro ad una vita che, soprattutto in quegli anni, si poteva definire finanziariamente tempestosa. Erano gli inquieti anni fiorentini alla Capponcina, sui colli di Fiesole, con le file di creditori alla porta, e poi gli anni di Arcachon: anche questo un esilio finanziariamente non molto placido, con cani e cavalli da mantenere. Le lettere sono tutte, in genere, eloquenti, fastose, rotonde: ma in quasi tutte sembra che la bella cornice sia fatta ad arte per poter poi, con abilità improvvisa, toccare il tasto delicato dei compensi, per i quali le trattative erano, dal 'gran signore', affidate – in qualche inciso apparentemente incurante di simili inezie – agli amici Marco Praga e Barduzzi.

La prima lettera è indirizzata a Tito Ricordi, dalla Versiliana di Pietrasanta, nel febbraio del 1906,

L' Editore della " Tosca „

Caricatura di Montani per un "sor Giulio" soddisfatto del successo di *Tosca*.

mentre il maestro Mugnone pareva non simpatizzare troppo con le musiche di Franchetti per la *Figlia di Jorio*.

Mio caro Tito,

la tua imagine seduttrice sarà, senza dubbio, irresistibile. Si comincia intanto a tramare. Oggi rimando le stampe del primo e del secondo atto. Ti prego di vigilare perchè 'tutte' le correzioni sieno eseguite con la massima esattezza. E grazie.
Non so ancora se potrò venire a Milano per vedere le maquettes. *Sono sotto un cumulo enorme di lavoro, e gemo miseramente. Ma confido pienamente nel gusto di Don Giulio e nel tuo. Nei nostri colloqui recenti, tutto fu chiarito e stabilito. Bisogna cercare di conseguire la 'giustezza' nell'intonazione dei quadri, per disegno e per colore. Bisogna quindi stare in guardia contro le deformazioni dei sarti e degli attrezzisti teatrali.*
Vidi ieri l'altro il buon Giacomo (Puccini), *reduce dalla lotta ineguale contro la neve dell'Appennino* (Puccini aveva comprato un'automobile, e aveva voluto provarla con un viaggio da Milano a Torre del Lago: la neve sui passi dell'Appennino aveva messo a durissima prova le sue qualità di autista). *Intorno alla concezione del dramma musicale siamo già in perfetto accordo. E io spero di potergli offrire un poema ove il più ardente soffio umano attraversi le visioni della più insolita poesia.*
Sarà necessario stabilire anche la condizione mate-

Tito II Ricordi(1865-1933) in una bella fotografia di Bertieri.

riale di questa collaborazione. E io pregherò Marco
Praga di intendersi con te. Domani andrò a vedere
il cartellone di De Karolis...

Di pochi giorni più tardi è un'altra lettera, scritta
dalla Capponcina: una lettera che è tutto un 'conden-
sato' di dannunzianesimo: musica, poesia, diritti
d'autore e ansia per i levrieri ammalati, tutto in un
fascio:

21 febbraio 1906.

Mio caro Tito,

correggo e rimando l'atto terzo. Farò spedire solleci-
tamente i berretti frigi. Ti ricordo il mio palco, anche
da parte di Clemente Origo ' dans les prix doux '.
Alberto Franchetti mi scrive che differisce la sua
partenza perchè non ha ancor ricevuta la lettera con-
ciliativa del maestro Mugnone. Credi sia possibile
ottenere una parola cordiale, una amorosa episto-
letta, dal formidabile direttore?
Ho ricevuto oggi una lettera sollecitatrice e affettuosa
di Giacomo da Torre del Lago. Ho scritto a Marco
Praga perchè si metta d'accordo con te, col dovuto
rispetto alla 'Santa Poesia' e con Madonna Equità.
Certo, sarò molto contento di scrivere un poema sen-
tendo una 'nota' sotto ogni 'sillaba'; e mi consolerò,
così, di non avere tra le mani la lira di sette corde.
A rivederci. Sono in gran pena. E' scoppiata l'epide-
mia nel mio canile. Iersera spirò Hierro, il più bello
dei cuccioli, che pareva disegnato dal Pisanello pel
rovescio d'una medaglia. Messire, il gran barzoi

biondo, è agli estremi. Sono di continuo al suo ca-
pezzale. Mille buoni saluti a Don Giulio. Ti ab-
braccio.

La *Figlia di Jorio* non era nata, musicalmente, sotto
ad una buona stella, e sembra che i giudizi di Leopoldo Mugnone fossero molto, molto dubitativi. Si sa
che Mugnone non aveva peli sulla lingua, e chi lo
ricorda dice che, al confronto di lui, Toscanini era,
nei suoi giudizi, riguardoso come un abatino del Settecento.

Gli interventi conciliativi di Tito non sono suffi-
cienti, e Gabriele scrive a Giulio Ricordi, il decano
della Casa, amico di Verdi e scopritore di Puccini:

24 febbraio 1906.

Mio caro Commendatore,

dopo una settimana di silenzio mortale, càpita oggi
alla Capponcina Alberto Franchetti e mi narra le
sue inquietudini a proposito della bacchetta diretto-
riale che sembra trasformata in spada di Damocle
minacciosa!
Confesso che non comprendo questa allucinazione del
mio amico. Ma sarei contento se fosse possibile tro-
vare un accomodamento almeno provvisorio, per evi-
tare ostilità inopportune. Il suo finissimo tatto è ca-
pace d'ogni prodigio. Mi raccomando a Lei e cor-
dialmente Le stringo la mano.

Dopo altre lettere che commentano le ire del maestro Mugnone e che domandano ancora ai dirigenti

Io incontro sempre più
nel mio caro papà ficho
un sentimento quale la
delicatezza e un affetto
che (amo star certo)
. è ricambiato a forti
Dozi. E la simpatia e
l'interesse che ho per me
e che ho sempre avuto
dal giorno che ebbi la
fortuna d'incontrarlo —
Dissento da Lei per quel
3º atto = farò la prima
volta che non ci troviamo
d'accordo — Però io spero
e arrivo a dirle sono
sicuro, che Ella si
ricrederà — Vedremo

Da una lettera di Puccini a Giulio Ricordi, a proposito del terzo atto di
Tosca allora in preparazione.

("Io riscontro sempre più nel mio caro papà Giulio un sentimento grande di delicatezza
e un affetto che (può star certo) è ricambiato a forti dosi. E la ringrazio per l'interesse
che ha per me e che ha sempre avuto dal giorno che ebbi la fortuna d'incontrarlo.
Dissento da Lei per questo 3° atto. Sarà la prima volta che non ci troviamo d'accordo.
però io speroe arrivo a dirle sono sicuro, che Ella si ricrederà. Vedremo!
Caro sig. Giulio la saluto con tutto l'affetto mio e ansioso di vederla presto mi dico suo
aff.

Puccini

Torre del Lago 12 ott. 99")

di Casa Ricordi di far da pacieri, il nome di Ildebrando Pizzetti fa, nell'aprile del 1909, la sua com-
parsa nella cartella dove sono custoditi gli autografi
del poeta.

Adorabile amico,

*mi perdoni l'indugio nel rispondere alla Sua lettera
cortesissima.*

*La Fedra metrica mi ha distolto dalla Fedra musicale.
Il maestro Ildebrando da Parma sarà in Milano per
la rappresentazione della Elettra. Ella potrà conce-
derci una qualunque ora di udienza?*

*Noi vogliamo fare un tentativo nuovo di dramma mu-
sicale latino, del quale abbiamo finalmente una idea
molto chiara, fuor d'ogni pregiudizio (non crediamo,
per esempio, alla necessità del leit-motiv), fuor d'ogni
affettazione debussysta.*

*Saremo contenti s'ella vorrà patrocinare questa im-
presa. E io Le sarò gratissimo se vorrà prendere una
deliberazione senza soverchio indugio, chè il Maestro
è già al lavoro.*

*Materialmente, una sola condizione è importante: che
la sua Casa consenta, per un certo numero di mesi,
a favorire lo sforzo assiduo del mio collaboratore
assegnandogli una modesta somma mensile, che – nel
desiderio – non oltrepassa le 250 lire. Bisogna che
io lo tolga alla tortura cotidiana delle lezioni. La
mia fede nell'ingegno e nella dottrina di questo gio-
vine è grandissima. Vorrei che ella avesse fede nella
mia fede...*

48

M.° Puccini   14/7. 1910

o Doge invereconndo,
noi più degno del trono,
ma che !... dic di bono
d'agosto sulla fin ?....
come si pou trascrivere
quei tali geroglifici
rendendoli leggibili
e poscia riducibili ?....
le parti estrarre subito,
la partitura incidere,
e così, orchestra aggiungerui,
il canto aver prontissimo,
spedir tutto in America
onde le prove inizians
perchè pel tempo debito
sia pronta tutta l'opera
per quel tal trionfissimo
che ognuno le desidera ??!! ....

Qui e alla pagina seguente, dall'Archivio Storico di Casa Ricordi, una insolita lettera in rima di Giulio Ricordi al suo "Doge" durante la preparazione di *Fanciulla del West* (14 luglio 1910).

Ma..... Doge infame ... lurido
ci vuol mandare arrosto
che per la fin d'agosto
dico senza riguardi:
è tardi, è tardi, è tardi!!!
ne' sono responsabile
se a noi polizia pervengono
proteste pei ritardi.
Ci pensi dunque e almeno
mandi di quando, in quando
qualche fogliuzza almeno
sgorbiato con quell'arte
che ne fa un coso a parte,
splendido geroglifico
però sempre prolifico
di grande prole magica
d'egua del Genitor!
E sappia, per sua regola
che tiene pronti i fulmini
quel suo ringhiante botolo
terribile editor! —

14/7·1910

*Le stringo la mano in gran fretta, mentre odo bramire
la snella pantera Fedra.*

Questa è la lettera che ci dà la testimonianza della
prima intesa in quell'incontro con Pizzetti che, fra
tutti quelli del poeta con la musica, fu il più valido.
Ma l'epistolario continua, anche se nelle lettere del
poeta conservate negli archivi Ricordi non si trova
più segno diretto di quella *Figlia di Jorio* che andava
così poco a genio a Leopoldo Mugnone.

Il direttore napoletano era stato buon profeta.
L'opera doveva essere ben presto dimenticata, e del
resto pare che D'Annunzio stesso non se ne ramma-
ricasse troppo. Egli era troppo esperto amatore di
musica per non intendere da quale parte, in Italia,
stava ancora di casa la musica. Si erano rinnovati
gli incontri con Puccini: non troppo facili, perchè
Puccini era un poco della tempra di Verdi, che voleva
dai librettisti obbedienza strettissima: un'obbedienza
che si poteva chiedere a Illica, ma che era impossibile
domandare all'autore delle *Laudi*. Oltre tutto, i mondi
spirituali dei due artisti erano diversissimi: Gabriele
cercava sempre il 'superuomo', nelle sue tragedie, e
Puccini, con maggiore sentimento umano, con ogni
probabilità cercava, possibilmente, nulla più che un
'Uomo' e una 'Donna', che si amassero e che cantas-
sero il loro amore e il loro dolore: regola eterna del
melodramma musicale. A D'Annunzio non mancano
le idee, e ha fatto vari suggerimenti; e di essi scrive
all'amico Tito Ricordi dalla Versiliana di Pietrasanta
dove vive fra i suoi cavalli e i suoi levrieri, e dove

51

l'ha raggiunto la marchesa Carlotti, nata Alessandra Starabba di Rudinì, la donna che l'ha rapito alla Duse, e che tanti anni dopo morirà suora in un convento di clausura nelle Alpi sopra Ginevra.

Mio caro Tito, quando verrai ti esporrò per qual successione di tentativi io sia giunto finalmente a conciliare le diversità dei due spiriti e dei due stili. Credo che il disegno del poema ti piacerà: l'azione si svolge nella Cipro dei Lusignani, ciò è in un campo vergine, non ancora mietuto da alcuno. Il titolo sarà forse La rosa di Cipro: un prologo e tre episodi.

L'altro disegno – parso troppo ampio e profondo al Maestro – era stato da me composto su quella leggenda di Parisina che ti piacque nella mia innovazione. Te ne ricordi? Ne parlammo? Penso che potremo, o prima o poi, adoperarlo.

Scrissi ieri una lunga lettera a Levico. Ho cominciato a versificare; e spero di condurre a termine il poema in questo mese. Le modificazioni di forma saranno fatte quando il Maestro le chiederà. Ma conto su te come soccorritore a superare le consuete pigrizie. Dal più bel verso scaturisce la più bella musica. La musica che ha necessità di torcere e di menomare la strofe, non può non avere in sè qualcosa di falso. Del resto, io sto componendo con acuto orecchio un poema 'cantabile'.

Sono imbarazzato nella interpretazione del contratto. A chi devo io domandare le rate del compenso? Provvede la Casa per conto del Maestro?

Se è così, fa ch'io abbia la prima rata, e magari la

Confesso che non comprendo questa
allucinazione del mio amico. Ma sarei
contento se fosse possibile trovare un
accomodamento almeno provvisorio, per
evitare ostilità inopportune: Il Suo
finissimo tatto è capace d'ogni pro
digio. Mi raccomando a Lei e cordial
mente Le stringo la mano.

Gabriele d'Annunzio

24 febb. 1906.

Da una lettera di Gabriele D'Annunzio a Giulio Ricordi del 1906.

Puccini al volante della sua auto con Marco Praga e Gabriele D'Annunzio.

seconda – per la zuppa dei miei cani e per la biada dei miei cavalli. La sabbia è 'arida', sotto il solleone. Sai nulla, puoi nulla dirmi intorno alla Figlia di Jorio aquilana? Io ho ricevuto un invito in stile pindarico dalla città. I giornali annunciano che tu curerai l'allestimento scenico. Il buon Franchetti andrà? Ti prego d'illuminarmi; chè sarebbe strano ch'io andassi solo. Ti confesso che, in questo momento di lavoro, rinunzierei volentieri al martirio glorioso. Attendo sollecitamente la tua risposta. La 'prima' sembra stabilita pel giorno 15.

La Versiliana è deliziosa, tra monte mare e selva. Io ho già perduta la mia vecchia pelle.

Avvisami il tuo arrivo – pel movimento degli Ospiti.

Al tempo della Figlia, ti consegnai – per la preparazione delle scene e dei costumi – i tre bozzetti del Michetti e i piccoli cartoni del De-Karolis. Ti sarò grato se vorrai ritirare con cura gli uni e gli altri e spedirmeli o portarmeli: chè mi son cari.

Arrivederci. Donna Alessandra ti saluta.

È l'ultima lettera datata dalla Toscana. Di lì a poco le cose d'arte, i mobili, i libri e tutti gli oggetti che erano stati testimoni degli estremi incontri con la Duse e dei nuovi incontri con Alessandra di Rudinì alla Capponcina dovevano andar dispersi in una vendita all'asta, mentre il poeta, come aveva detto, partiva verso l'esilio di Arcachon, accompagnato dai suoi superstiti levrieri e avendo, come solo bagaglio libresco, il Dizionario del Tommaseo. E ora da Arcachon giungono le notizie di nuove proposte di incontri musicali, dopo che è tramontata la possibilità di una collaborazione con Puccini, La prima lettera dall'Eremo è dell'agosto 1912.

Mio caro Tito,

torno all'Eremo dopo un lungo viaggio, e trovo la tua lettera.
Ecco il consenso pel Vere novo.
Le 'condensazioni' necessarie le eseguirò quando il maestro me le domanderà. Non vorrei ora fare un lavoro vano.
Camille Erlanger, l'autore di Aphrodite, da gran tempo mi domanda di mettere in musica La Gioconda, Le sue insistenze son cresciute in questi ultimi tempi, tanto più che l'Opéra Comique è pronta a rappresentare l'opera, ed è pronta anche una delle interpreti: M.lle Chenal.
Ricordandomi che un giorno tu mi parlasti della possibilità di trarre un libretto da quel mio dramma, ti chiedo – prima di intavolare altre trattative – se tu sia disposto a prendere in considerazione questo disegno. Rispondimi un rigo perchè io possa regolarmi. Rispondendomi, mandami anche l'indirizzo dello Zandonai.

Il poeta lavorò, o, meglio, studiò questo adattamento della *Gioconda*; si riprometteva di portare a termine il testo poetico prima della fine del 1912. Ma il suo pensiero tendeva ancora tutto, evidentemente, ad una collaborazione con Puccini. Tito Ri-

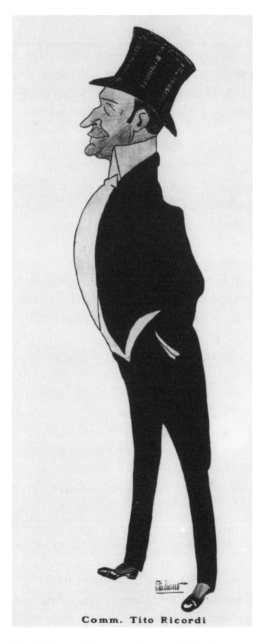

Comm. Tito Ricordi

Tito II Ricordi in una caricatura di Vitaliano.

cordi aveva prontamente risposto ad una delle sue abituali richieste di denaro, e la lettera del 25 novembre 1912 è, in gran parte, una sorridente confessione della perpetua crisi economica del poeta.

Mio caro Tito,

m'ero messo anch'io alla riduzione della Gioconda, *su le insistenze di Camillo Erlanger, per terminarla entro il mese. Interrompo il lavoro sanguinoso, ora che tu mi scrivi la buona notizia. E mi troverò a Parigi quando mi telegraferai (un paio di giorni 'prima', se puoi) il tuo arrivo. Credo che anche questa volta ci troveremo d'accordo; e cominciamo già con l'accordarci nel conservare la scena patetica che chiude il primo atto.*

Ti ringrazio nuovamente della prontezza cesarea con cui mi facesti avere quel che domandavo. Ora ho bisogno del resto, e ci contavo per la fine del mese. Ho dovuto − per passare l'inverno qui, nella villa di Saint Dominique − far eseguire opere di difesa inevitabili contro il vento di nord-ovest. Ho tenuto operai per parecchie settimane. Ed è venuto il giorno dei conti, ahimè, in un paese dove l'erba 'credenza' è sconosciuta, chè nella sabbia non attecchisce.

Quando avrò preso conoscenza del tuo disegno, eseguirò le risarciture e comporrò − se convenga − i pezzi nuovi senza ritardo, come feci per la Francesca. *Ho già, pel primo atto, accentuato qua e là i ritmi. Puoi dunque versare all'amico Barduzzi la somma intera. In caso di difficoltà improbabile, versagli al-*

Puccini, Tito II Ricordi e André Messager, che diresse a Parigi diverse
opere del Maestro.

Tito II e Puccini sul "Cio Cio San", in rotta verso l'isola della Gorgona, nel settembre 1911.

*meno la metà. E grazie infinite. Le notizie che mi dai,
della* Francesca, *mi riempiono di gioia e di aspet-
tazione.*

Giacomo (Puccini) *fu qui, e mi parve sinceramente
desideroso di rinnovarsi e di tentare uno sforzo inso-
lito. Il soggetto de* La Crociata degli Innocenti *è sin-
golarissimo, pieno di forza patetica, di contrasti ap-
passionati, di sogno e di purità.*

*È un vero e proprio 'Mistero'. E desidero conser-
vargli* questo titolo.

*Mi metto a stendere lo 'scenario' particolareggiato.
Credo aver risoluto qualche dubbio di tecnica qua
e là.*

*Come debbo regolarmi per il contratto? Spero che que-
sta volta non rimarrà 'lettera morta', come l'altro.*

*È qui Clemente Origo. Abbiamo parlato di te iersera.
Mi prega di salutarti. Egli spera di vederti a Milano,
fra pochi giorni. È addirittura 'estatico' davanti alla
bellezza delle grandi dune.*

*Che festa, quando verrai! Il viaggio, da Parigi, è così
comodo e breve.*

A rivederci. M'avevi promesso la raccolta delle Sonate *di Scarlatti. Mandamele per strenna.*

Era destino che, fra Puccini e D'Annunzio, gli
incontri dovessero restare infecondi. Il 'mistero' doveva rimanere per qualche anno inutilizzato fra le
carte del poeta ad Arcachon. La storia del pastore
Odimondo, simile all'abruzzese Aligi, che abbandona
la propria fidanzata Novella per amore di una prosti-
tuta lebbrosa, e che, per far guarire questa, le dà da

bere il sangue della propria sorellina uccisa (questo è lo spunto iniziale del 'mistero') era evidentemente troppo truculenta per l'umanissima musa di Puccini. *La Crociata degli innocenti* preludeva forse all'ispirazione che fece nascere il soggetto cinematografico di *Cabiria*, e infatti, più tardi, nella scia del successo di *Cabiria*, ne fu tratto un film, corredato dalle didascalie del poeta. La sua grande stagione creativa volgeva al termine. La guerra l'avrebbe interrotta quasi del tutto. Gli incontri con la musica non dovevano, più tardi, essere costituiti che dai 'ritorni' alle antiche musiche raccolte da Gian Francesco Malipiero e suonate, sul pianoforte di Liszt, al Vittoriale.

INGRAF s.r.l. - Via Monte S. Genesio 7 - Milano
Stampato in Italia - Printed in Italy - Imprimé en Italie 1994